essentials

Essentials liefern aktuelles Wissen in konzentrierter Form. Die Essenz dessen, worauf es als „State-of-the-Art" in der gegenwärtigen Fachdiskussion oder in der Praxis ankommt. Essentials informieren schnell, unkompliziert und verständlich.

- als Einführung in ein aktuelles Thema aus Ihrem Fachgebiet
- als Einstieg in ein für Sie noch unbekanntes Themenfeld
- als Einblick, um zum Thema mitreden zu können.

Die Bücher in elektronischer und gedruckter Form bringen das Expertenwissen von Springer-Fachautoren kompakt zur Darstellung. Sie sind besonders für die Nutzung als eBook auf Tablet-PCs, eBook-Readern und Smartphones geeignet.

Essentials: Wissensbausteine aus den Wirtschafts, Sozial- und Geisteswissenschaften, aus Technik und Naturwissenschaften sowie aus Medizin, Psychologie und Gesundheitsberufen. Von renommierten Autoren aller Springer-Verlagsmarken.

Klaus North · Andreas Brandner
Thomas Steininger

Wissensmanagement für Qualitätsmanager

Erfüllung der Anforderungen nach ISO 9001:2015

Prof. Dr. Klaus North
Wiesbaden Business School
Wiesbaden
Deutschland

MMag. Dr. Andreas Brandner
Knowledge Management Associates
Wien
Österreich

Ing. Thomas Steininger MSc
QMS Consulting e.U.
Wien
Österreich

ISSN 2197-6708
essentials
ISBN 978-3-658-11249-3
DOI 10.1007/978-3-658-11250-9

ISSN 2197-6716 (electronic)

ISBN 978-3-658-11250-9 (eBook)

Die Deutsche Nationalbibliothek verzeichnet diese Publikation in der Deutschen Nationalbibliografie; detaillierte bibliografische Daten sind im Internet über http://dnb.d-nb.de abrufbar.

Springer Gabler

Gedruckt auf säurefreiem und chlorfrei gebleichtem Papier

Springer Fachmedien Wiesbaden ist Teil der Fachverlagsgruppe Springer Science+Business Media
(www.springer.com)

Vorwort

Der richtige Umgang mit Wissen gehört seit jeher zu den zentralen Herausforderungen unternehmerischen Handelns. Ohne den Begriff Wissensmanagement zu nutzen, haben viele Organisationen bereits bewusst oder intuitiv erkannt, dass das erfolgreiche Nutzen, Entwickeln und Bewahren von Wissen entscheidend für die langfristige Sicherung von Kundenzufriedenheit und Wettbewerbsfähigkeit sind. Die rasche Veränderung, wachsende Menge und globale Vernetzung des zu verarbeitenden Wissens erzwingen nun zunehmend einen zielorientierten, systematischen und integrierten Umgang mit Wissen. Die intuitive oder implizite Organisation des Wissens stößt immer mehr an ihre Grenzen. Aus diesem Grund gewinnt das Zusammenspiel von Qualitäts- und Wissensmanagement eine neue Bedeutung. Wissen muss als zentrale Ressource des unternehmerischen Handelns auch Gegenstand des Qualitätsmanagements werden. In der neuen Qualitätsmanagementsystemnorm ISO 9001:2015 wird nun konsequenterweise gefordert, dass Organisationen die Verfügbarkeit und Aktualisierung des für die Erfüllung der Kundenanforderungen notwendigen Wissens nachweisen müssen. Damit findet das Wissensmanagement offiziell Eingang in das Qualitätsmanagement. Schon bisher war es für ein funktionierendes Qualitätsmanagementsystem unumgänglich, sowohl individuelles als auch organisationales Wissen aufzubauen und zu erhalten. Das Neue daran ist, dass nun konkrete Anforderungen an ein Wissensmanagement in der Norm enthalten sind, die es zu erfüllen gilt.

In diesem Essential erhalten Sie konkrete und praxiserprobte Hinweise, wie die Anforderungen der ISO 9001:2015 zum Nutzen Ihrer Organisation umgesetzt werden können und welche weiteren Schritte Sie zur Entwicklung eines wertschöpfungsorientierten Wissensmanagements gehen können.

Zusätzlich enthält jedes Kapitel am Ende einfache Kontrollfragen, anhand derer Sie feststellen können, wie weit Sie mit der Umsetzung der Anforderungen der neuen ISO 9001 oder der Entwicklung eines umfassenden Wissensmanagement-systems bereits gekommen sind.

Wir wünschen anregende Lektüre! Ihr Feedback erreicht uns unter Klaus.North@gmail.com, office@km-a.net oder t.steininger@qms-consulting.at

Wien und Wiesbaden,   Klaus North
Sommer 2015   Andreas Brandner
                                                                Thomas Steininger

Inhaltsverzeichnis

Wettbewerbsfähigkeit durch Wissensmanagement sichern

1

Das wirtschaftliche und gesellschaftliche Umfeld, in dem Unternehmen heute agieren, wird zunehmend dynamischer und komplexer. Märkte wandeln sich mit wachsender Geschwindigkeit. Dabei ist der ökonomische Erfolg bzw. die Zielerreichung von Organisationen in besonderem Maße auf ihren Umgang mit Wissen zurückzuführen. Die Bedeutung der Ressource Wissen kann dabei durchaus variieren. Für sog. wissensintensive Unternehmen, z. B. Wirtschaftsprüfungsgesellschaften, Unternehmensberatungen, Ingenieurbüros und Forschungslaboratorien ist der Verkauf von „verpacktem" Wissen hochqualifizierter Experten entscheidend für den Geschäftserfolg. Dagegen bedeutet Wissensaufbau und -transfer für ein Franchise-Unternehmen, effizient Mitarbeiter oft mit geringem Ausbildungsstand in standardisierter Form auf das für den Geschäftserfolg notwendige Kompetenzniveau zu heben und durch die standardisierte und replizierbare Aufbereitung des organisationalen Wissens mit hoher Geschwindigkeit zu expandieren.

In der Praxis finden wir immer wieder typische Herausforderungen:

- *Mitarbeiterwissen transparent, verfügbar machen sowie bei Ausscheiden absichern und neue Mitarbeiter effizient einarbeiten*: Wer weiß Was in der Organisation? Wo finde ich Wissen über Produkte, Kunden Prozesse, Technologien?
- *Informations- und Wissensdokumentation*: Benennung und Strukturierung von Dokumenten, Aufbau eines IT-gestützten „Wissensmarktes", in dem Kundenwissen, Prozess- und Produktwissen, Projekterfahrungen sowie Qualitätswissen dokumentiert und nutzerfreundlich zugänglich sind.
- *Offene Informations- und Wissensweitergabe*: Mitarbeiter umfassend informieren, Verhaltensregeln und Anreize zur Zusammenarbeit schaffen
- *Organisatorische und motivationale Rahmenbedingungen gestalten*: Anreize für die Wissensteilung und -weiterentwicklung schaffen und relevantes Wissen in den Arbeitsfluss integrieren.

© Springer Fachmedien Wiesbaden 2016
K. North et al., *Wissensmanagement für Qualitätsmanager*, essentials,
DOI 10.1007/978-3-658-11250-9_1

1

- *Lernen von außen strukturieren*: Wissen über Märkte, Konkurrenten, Kunden, Technologien und Verfahren gezielt beschaffen, pflegen und damit die Innovationsfähigkeit und Reaktionsfähigkeit im Markt steigern.
- *Wissensorientiertes Projektmanagement*: Systematisch in und aus Projekten lernen.

Im oben beschriebenen Umfeld sind Unternehmen nur dann nachhaltig wettbewerbsfähig, wenn sie in der Lage sind Wissen über Märkte, Konkurrenten, Kunden und ihre technologische und organisatorische Kompetenz gezielt zu nutzen und zu entwickeln. In Ihrer repräsentativen Studie „Wettbewerbsfaktor Wissensmanagement 2010" konnten Pawlowsky et al. (2011) zeigen, dass es einen positiven Zusammenhang zwischen dem Ausbaustand des Wissensmanagement und der Mitarbeitermotivation sowie der Wettbewerbsfähigkeit gibt. Wissensmanagement ist besonders in den Unternehmen stark ausgeprägt, die vorwiegend eine Kunden-, Innovations- und Human Ressource Management-Strategie verfolgen.

Wissen, Innovationsfähigkeit und Wachstum sind untrennbar miteinander verbunden.

> ***Wissensorientierte Unternehmensführung*** beinhaltet daher das Gestalten, Lenken und Entwickeln der organisationalen Wissensbasis zur Erreichung der Unternehmensziele. Diese Aufgabe bzw. dieser Prozess wird auch als Wissensmanagement bezeichnet. Ziel wissensorientierter Unternehmensführung ist es, aus Informationen Wissen zu generieren und dieses Wissen in nachhaltige Wettbewerbsvorteile umzusetzen, die als Geschäftserfolge messbar werden (North 2011, S. 11).
>
> Wir verstehen **Management** als das Gestalten, Lenken und Entwickeln von zweckorientierten sozialen Systemen. In der DIN EN/ISO 9000:2015, 3.3.3 wird *Management reduziert auf „aufeinander abgestimmte Tätigkeiten zum Führen und Steuern einer Organisation".*

Zur Konkretisierung, was Wissensmanagement im Alltag bedeutet, finden Sie in Tab. 1.1 typische Fragestellungen und Instrumente, die in den folgenden Kapiteln weiter behandelt werden. Eine praxisorientierte Zusammenstellung von Instrumenten des Informations- und Wissensmanagement bietet Mittelmann 2011.

Damit **Wissensmanagement als relevanter Managementprozess** in Organisationen wirksam wird, muss es eng mit Strategie, Innovationsmanagement, Qualitätsmanagement und Personalentwicklung verknüpft sein. Es unterstützt die

Tab. 1.1 Aufgaben und Instrumente des operativen Wissensmanagements

	Transparenz schaffen	Verfügbar machen	Austauschen und Lernen
Information	*Wo finde ich welche Infos?*	*Welcher Nutzer benötigt welche Infos in welcher Form (Aufbereitung uns Zugang)?*	*Wie kann ich aktuelle Infos austauschen (andre auf Veranstaltungen, Webseiten, Literatur aufmerksam machen?)*
	Verteiler	Newsletter (Push)	Web-2.0 Tools (Social bookmarks, Tags)
	Übersicht über Datenbasen	Dokumente/Datenbasen (Pull)	Schwarzes Brett mit Kommentarfunktion
	Organigramm	Blogs, wikis	
	Info-/Wissensbaum		
	Taxonomie		
	Suchmaschine		
Wissen	*Wer weiß was bzw. ist thematisch verantwortlich?*	*Wie kann Wissen kontextbezogen aufbereitet werden („reiche Medien"?)*	*Wie kann ich Erfahrungen/Wissen austauschen*
	Mitarbeiterprofile („gelbe Seiten")	Story Telling	Wissensgemeinschaften (CoP), Foren, World Cafe
	Erweitertes Telefonbuch, Geschäftsverteilungsplan	Mikroartikel	Peer reviews
		Debriefing	Wissensstafette
		Podcasts, Videos	Brown Bag lunch, Lunch Bingo
			Innovationswerkstatt
			Lessons Learned
Kompetenz	*Wer kann was?*	*Wie kann ich situativ von der Kompetenz anderer profitieren?*	*Wie kann ich/das Team schnell die benötigte Kompetenz erwerben?*
	Kompetenzrad	Beratung	E-learning
	Kompetenzmatirx	Coaching	Coaching
		Mentoring	

Effektivität und Stabilität der aktuellen Prozesse sowie die Innovations- und Themenführerschaft für die Zukunft (vgl. North und Haas 2014). Dies erfordert:

1. Eine Fokussierung auf kunden-, markt- und wettbewerbsrelevantes Wissen im Sinne eines „selektiven Wissensmanagements", z. B. Identifizierung erfolgskritischer Wissensbereiche; Wissenskartierung für zukünftige Geschäftsfelder; strategische Wissensanalyse; Festlegen, durch welches Wissen, durch welche Kernkompetenzen Alleinstellungsmerkmale gewonnen und Themenführerschaft erreicht werden können;
2. Ein verbindliches Festlegen und Einhalten normativer Standards und Routinen der Dokumentation, des Wissensaustauschs und Lernens sowie der Wissenssicherung, z. B. definieren, wann Wirksamkeitsüberprüfungen von Maßnahmen durchzuführen und wie deren Ergebnisse in den zukünftigen Wertschöpfungsprozess zu integrieren sind;
3. Die Unterstützung der operativen Einheiten mit professionellen Dienstleistungen und Handwerkszeugen zum Management des Wissens, z. B. Innovations-Werkstätten; Wissensstaffetten; Organisation von Austauschforen, wie Wissensmärkten, Förderung von Communities of Practice, etc.

Die Wissenstreppe: Information – Wissen – Kompetenz

Wissensorientierte Unternehmensführung setzt voraus, dass wir verstehen, wie aus dem Rohstoff der Information über mehrere Verarbeitungsstufen Wissen und Kompetenz und daraus die Wettbewerbsfähigkeit einer Organisation entsteht. Die Zusammenhänge werden anhand der Wissenstreppe (North 2005 und 2011) verdeutlicht (siehe Abb. 2.1). Diese bietet auch die Möglichkeit einen Blick auf die ISO 9000:2015 zu werfen und darauf einzugehen, was die Norm unter den einzelnen Begriffen des Wissensmanagements versteht.

Beginnen wir ganz unten mit **Zeichen** (z. B. Buchstaben, Ziffern, rotes Licht einer Ampel), die durch Ordnungsregeln (einen Code oder eine Syntax) zu Daten werden. ***Daten:*** *Fakten über ein Objekt* (DIN EN/ISO 9000:2015, 3.8.1) ***Objekt:*** *Einheit, Gegenstand, etwas Wahrnehmbares oder Vorstellbares* (DIN EN/ISO 9000:2015, 3.6.1)

Zu Informationen werden Daten erst, wenn ein Bezug hergestellt ist. Informationen sind also Daten, die in einem Bedeutungskontext stehen und aus betriebswirtschaftlicher Sicht zur Vorbereitung von Entscheidungen und Handlungen dienen. ***Information:*** *Daten mit Bedeutung* (DIN EN/ISO 9000:2015, 3.8.2). Informationen sind für Betrachter wertlos, wenn sie diese nicht mit anderen aktuellen oder in der Vergangenheit gespeicherten Informationen vernetzen können.

Aus dieser Sicht ist **Wissen** der Prozess der zweckdienlichen Vernetzung von Informationen. Wissen entsteht als Ergebnis der Verarbeitung von Informationen durch das menschliche Bewusstsein. Informationen sind sozusagen der Rohstoff, aus dem Wissen generiert wird und die Form, in der Wissen kommuniziert und gespeichert wird. Die Interpretation von Informationen kann insbesondere in unterschiedlichen kulturellen Kontexten sehr unterschiedlich ausfallen. Wissen ist daher geprägt von individuellen Erfahrungen, ist kontextspezifisch und an Personen gebunden.

© Springer Fachmedien Wiesbaden 2016
K. North et al., *Wissensmanagement für Qualitätsmanager,* essentials,
DOI 10.1007/978-3-658-11250-9_2

GESTALTEN SIE ALLE STUFEN DER WISSENSTREPPE

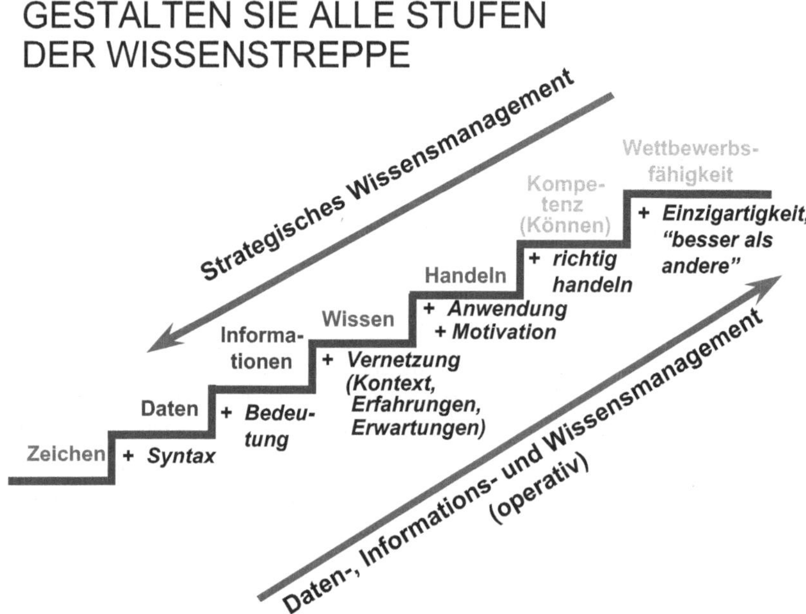

Abb. 2.1 Die Wissenstreppe

Im ISO-Entwurf wurde Wissen als *„verfügbare Sammlung von Informationen, die eine berechtigte Überzeugung darstellen und mit großer Sicherheit wahr sind"* definiert.[1] Dieser Wissensbegriff greift die im Englischen häufig verwendete Definition von Wissen als „Justified true belief" auf und versucht, den Zusammenhang zwischen Information und Wissen herzustellen. Wissen ist jedoch mehr als eine Sammlung von Informationen. Es beinhaltet die Vernetzung von Informationen in einem spezifischen Kontext, die erst ein situationsadäquates Handeln ermöglicht. Genau darauf geht die 9000:2015 im Kap. 2.2.3 ein. Hier heißt es:

> Das Verständnis des Kontextes einer Organisation ist ein Prozess. Dieser Prozess bestimmt Faktoren, die Zweck, Ziele und Nachhaltigkeit der Organisation beeinflussen. Er berücksichtigt innere Faktoren, z. B. Werte, Kultur, Wissen, und Leistung der Organisation.... (DIN EN/ISO 9000:2015, 2.2.3)

Für die Praxis ist es weiterhin wichtig, zwei Arten von Wissen zu unterscheiden: explizites Wissen (explicit knowledge) und implizites Wissen (tacit knowledge).

---

[1] *In der verabschiedeten ISO-Fassung wird Wissen nicht mehr definiert.*

Implizites Wissen stellt das persönliche Wissen eines Individuums dar, welches auf Idealen, Werten und Gefühlen der einzelnen Person beruht. Subjektive Einsichten und Intuition verkörpern implizites Wissen, das tief in den Handlungen und Erfahrungen des Einzelnen verankert ist. Diese Form von Wissen ist sehr schwer zu dokumentieren und wird in der persönlichen Interaktion (Sozialisation) weitergegeben.

Explizites Wissen ist dagegen methodisch, systematisch und liegt in artikulierter Form vor. Es ist außerhalb der Köpfe einzelner Personen in Medien gespeichert und kann u. a. mit Mitteln der Informations- und Kommunikationstechnologie aufgenommen, übertragen und gespeichert werden. Dies trifft z. B. auf detaillierte Prozessbeschreibungen, Patente, Organigramme, Qualitätsdokumente usw. zu.

Der Wert des Wissens wird für eine Organisation nur dann sichtbar, wenn das Wissen (Wissen WAS) in ein Können (Wissen WIE) umgesetzt wird, das sich in entsprechenden Handlungen manifestiert. Diese Feststellung ist insbesondere relevant für die Konzeption von Aus- und Weiterbildungsmaßnahmen. Es genügt nicht, dass Mitarbeiter in Seminaren Wissen erwerben, sondern das Umsetzen von Wissen in Fertigkeiten (Können) muss geübt werden.

Das Können wird jedoch nur konkret unter Beweis gestellt, d. h. in Handlungen umgesetzt, wenn eine Motivation, ein Antrieb dafür besteht. Können und „Wollen" bzw. „Dürfen" sind entscheidend für das Ergebnis und führen beide zusammen letztendlich zur Wertschöpfung.

Diese Fähigkeit zu situationsadäquatem Handeln wird als Kompetenz einer Person oder Organisation bezeichnet. Kompetenzen konkretisieren sich im Moment der Wissensanwendung. **Kompetenz** ist in der ISO 9000 folgendermaßen definiert: „Fähigkeit, Wissen und Fertigkeiten anzuwenden, um beabsichtigte Ergebnisse zu erzielen." (DIN EN/ISO 9000:2015 3.10.4).

Als „Faustformel" kann man formulieren:

Leistung = Kompetenz x Motivation x Möglichkeit (Legitimation)

Die einzigartige Bündelung unterschiedlicher Kompetenzen ist dann Quelle der **Wettbewerbsvorteile** oder dient Organisationen, die nicht im Wettbewerb stehen, der Zielerfüllung. Hierbei spielen insbesondere die sogenannten Kernkompetenzen als Quelle nachhaltiger Wettbewerbsfähigkeit eine entscheidende Rolle. Kernkompetenzen sind ein Verbund von Fähigkeiten basierend auf der Beherrschung von Technologien, spezifischen Prozessen, Wertvorstellungen und Kompetenzen der Mitarbeiter, die einen Wert für den Kunden generieren. Sie werden wirksam in unterschiedlichen Produkten und Dienstleistungen, sind Grundlage der Einzigartigkeit gegenüber Wettbewerbern, verschaffen Zugang zu neuen Märkten und sind nicht leicht imitierbar und transferierbar.

Wissensorientierte Unternehmensführung bedeutet, alle Stufen der Wissenstreppe zu gestalten. Ist eine Stufe der Treppe nicht ausgebildet (z. B. fehlende Datenkompatibilität, unvollständige Informationsverfügbarkeit, fehlende Handlungsmotivation), so „stolpert" man beim Begehen der Wissenstreppe. Die Umsetzung von Geschäftsstrategien oder das operative Geschäft werden behindert.

Aus der Wissenstreppe lassen sich ***drei Handlungsfelder eines integrierten Informations-, Wissens- und Kompetenzmanagements*** ableiten:

1. Das *strategische Wissensmanagement* durchläuft die Wissenstreppe von oben nach unten, um die Frage zu beantworten, welche Kompetenzen und daraus abgeleitet, welches Wissen und Können benötigt werden, um wettbewerbsfähig zu sein. Wissensziele sind aus Unternehmenszielen abzuleiten. Das strategische Wissensmanagement hat daneben ein Unternehmensmodell zu entwickeln, in dem die motivationalen und organisatorischen Strukturen und Prozesse konzipiert werden, die das Unternehmen fit für den wissensbasierten Wettbewerb machen.

2. Das *operative Wissensmanagement* beinhaltet insbesondere die Vernetzung von Informationen zu Wissen, Können und Handeln. Für den Erfolg wissensorientierter Unternehmensführung ist entscheidend, wie der Prozess, individuelles in kollektives Wissen und kollektives in individuelles Wissen zu transferieren, gestaltet wird. Hierbei kommt der Überführung von implizitem in explizites Wissen und umgekehrt große Bedeutung zu. Ohne wirksame Anreize findet dieser Prozess jedoch nicht statt. Operatives Wissensmanagement hat daher auch die Aufgabe, Rahmenbedingungen zu schaffen, die Anreize für Wissensaufbau, -teilung und -nutzung bieten.

3. *Informations- und Datenmanagement* sind Grundlage des Wissensmanagements. Wenn wir uns die Wissenstreppe ansehen, dann ist die Bereitstellung, Speicherung und Verteilung von Informationen Voraussetzung für Wissensaufbau und -transfer. Wie wir in Untersuchungen feststellen konnten, beginnen viele Unternehmen Initiativen unter dem Namen Wissensmanagement mit Maßnahmen des Informations- und Datenmanagement, stellen aber dann fest, dass Informations- und Kommunikationstechnologien ohne entsprechende organisatorische und motivationale Rahmenbedingungen nur ungenügend genutzt werden.

Kontrollfragen
1. Wie ist die Wissenstreppe in Ihrer Organisation ausgebildet?
2. Welche Stufen sind besonders gut, welche ungenügend ausgebildet?
3. Wo sehen Sie Handlungsbedarf?

3.1 Grundlagen

In der neuen ISO 9000:2015, also jener Norm in welcher die Grundlagen und Begriffe für Qualitätsmanagementsysteme erläutert werden, nehmen die Themen Wissen und organisationales Lernen einen bedeutenden Platz ein.

So heißt es zum Beispiel im Kap. 2, in welchem die grundlegenden Konzepte und Grundsätze des Qualitätsmanagements erläutert werden:

> Der Kontext, in dem eine Organisation heutzutage arbeitet, ist von beschleunigtem Wandel, der Globalisierung der Märkte und dem Hervortreten des **Wissens als wichtigster Ressource** gekennzeichnet. (DIN EN/ISO 9000:2015, 2.1; Hervorhebung durch die Autoren)

Zum Thema organisationales Lernen heißt es:

> **Organisationen** haben viele Eigenschaften mit Menschen als einem lebendigen und **lernenden sozialen Organismus** gemeinsam. (DIN EN/ISO 9000:2015, 2.4.1.1; Hervorhebung durch die Autoren)

Wissen wird also in den Grundsätzen zum Qualitätsmanagementsystem als wichtigste Ressource bezeichnet und man geht explizit auf die Organisation als einen lernenden Organismus ein. Es ist also deshalb nicht verwunderlich, weshalb Anforderungen zum Wissensmanagement Eingang in die ISO 9001 gefunden haben. Die Norm fordert jedoch nicht sämtliches Wissen der Organisation in Betracht zu ziehen sondern nur jenes, das für die Organisation von Bedeutung ist. Also das Wissen, welches zur Erfüllung der Kundenanforderungen bzw. der Erfüllung der Anforderungen der interessierten Parteien erforderlich ist.

Auf Basis dieser Grundlagen wurde in der ISO 9001:2015 ein eigenes Kapitel *Wissen der Organisation* geschaffen, welches die Anforderungen an Organisatio-

© Springer Fachmedien Wiesbaden 2016

K. North et al., *Wissensmanagement für Qualitätsmanager*, essentials,

DOI 10.1007/978-3-658-11250-9_3

nen in Bezug auf das Management des Wissens im Rahmen eines Qualitätsmanagementsystems enthält. Diese Anforderungen sollen im Folgenden näher betrachtet werden.

3.2 Mindestanforderungen

Im Kap. 7.1.6 beschreibt die Norm, was eine Organisation in Bezug auf ein Wissensmanagement mindestens erfüllen muss. Dabei ist wichtig anzumerken, dass der Normentext nicht festlegt, wie die Anforderungen umzusetzen sind. Das bedeutet, dass Organisationen immer die Freiheit haben, die Art und Weise der Umsetzung in die Praxis zu bestimmen. Es wird auch nicht der Aufbau eines Wissensmanagementtools gefordert, sondern einzelne aber wesentliche Punkte für das Leiten und Lenken von Wissen innerhalb einer Organisation.

Die Anforderungen der ISO 9001 können in 3 Absätze untergliedert werden:

1. *Die Organisation muss das Wissen bestimmen, das benötigt wird, um ihre Prozesse durchzuführen und um die Konformität von Produkten und Dienstleistungen zu erreichen.*
2. *Dieses Wissen muss aufrechterhalten und in erforderlichem Umfang zur Verfügung gestellt werden.*
3. *Beim Umgang mit sich ändernden Erfordernissen und Entwicklungstendenzen muss die Organisation ihr momentanes Wissen berücksichtigen und bestimmen, auf welche Weise jegliches notwendige Zusatzwissen und erforderliche Aktualisierungen erlangt oder darauf zugegriffen werden kann.* (DIN EN/ISO 9001:2015, 7.1.6)

Löst man die einzelnen Anforderungen aus dem Normentext heraus und bringt sie in eine sinnvolle Reihenfolge entsteht ein Wissenskreislauf, der verdeutlicht wie die Anforderungen der ISO 9001:2015 in Bezug auf Wissensmanagement zu verstehen und umzusetzen sind. Man kann daran auch deutlich erkennen, dass Wissensmanagement innerhalb einer Organisation kein einmaliges Projekt ist, sondern ein kontinuierlicher Prozess (Abb. 3.1).

Der Wissenskreislauf besteht daher aus folgenden wesentlichen Elementen:

Benötigtes Wissen bestimmen Hier geht es in einem ersten Schritt darum zu ermitteln, welches Wissen erforderlich ist um die Kundenanforderungen erfüllen zu können. Dabei sollte nicht nur das benötigte individuelle Wissen der Mitarbeiter betrachtet werden, sondern das gesamte relevante interne und externe, implizite

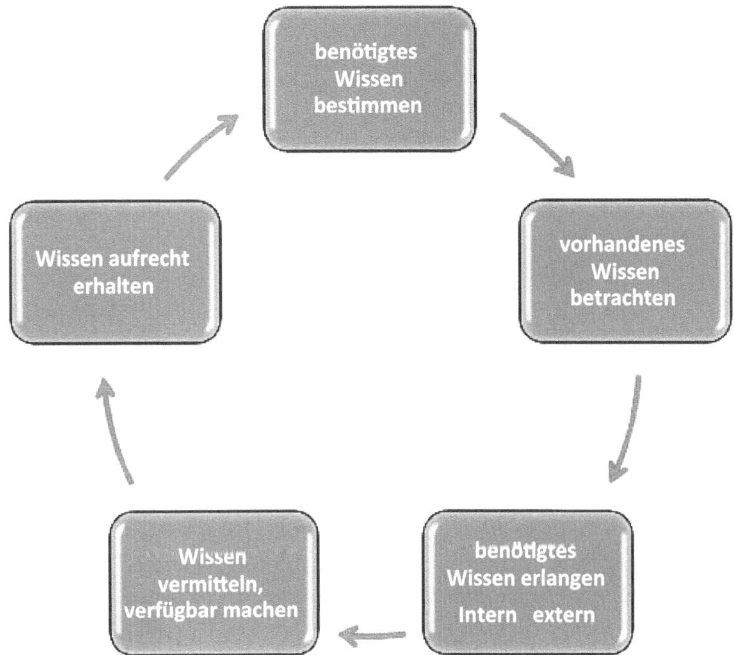

Abb. 3.1 Wissenskreislauf

und explizite Wissen. Aber nicht nur die Anforderungen der Kunden, sondern aller interessierter Parteien sollten in die Betrachtung mit aufgenommen werden.

Vorhandenes Wissen betrachten Im zweiten Schritt soll das tatsächlich vorhandene Wissen berücksichtigt und zum benötigten Wissen in Bezug gesetzt werden. Dazu bedarf es einer ausreichend konkreten Beschreibung des bereits existierenden Wissens, die einen IST-Soll-Vergleich erlaubt. Sollten Differenzen zwischen dem vorhandenen und benötigten Wissen erkannt werden, so folgt der nächste Schritt.

Benötigtes Wissen erlangen Ist ein zuvor ermitteltes, relevantes Wissen nicht vorhanden, so muss die Organisation Möglichkeiten finden dieses zu erlangen, um den Markterfordernissen gerecht zu werden. Die ISO 9001:2015 gibt in der Anmerkung 2 des Kapitels *Wissen der Organisation* Hinweise, wie Wissen intern oder extern beschafft werden kann:

Das Wissen der Organisation kann auf Folgendem basieren:

a) auf internen Quellen (z. B. geistiges Eigentum, aus Erfahrungen gesammeltes Wissen, Lektionen aus Fehlern und erfolgreichen Projekten, Erfassen und Austausch von nicht dokumentiertem Wissen und Erfahrung, die Ergebnisse aus Verbesserungen von Prozessen, Produkten und Dienstleistungen);
b) auf externen Quellen (z. B. Normen, Hochschulen, Konferenzen, Wissenserwerb durch Kunden oder externe Anbieter). (DIN EN/ISO 9001:2015, 7.1.6 ANMERKUNG 2)

In einem dynamischen Umfeld, in welchem sich die Anforderungen der Kunden und des Marktes sehr rasch ändern können wird es notwendig sein, ständig neues Wissen aufzubauen bzw. zu erlangen. In diesem Sinne ist die Anforderung zur Erlangung des Wissens innerhalb des Wissenskreislaufs auch als Maßnahme zur kontinuierlichen Verbesserung zu verstehen.

Wissen vermitteln und verfügbar machen Die Erlangung des benötigten Wissens ist oft untrennbar mit der Wissensvermittlung innerhalb einer Organisation verbunden. Wichtig ist zu verstehen, dass organisationales Wissen immer ein Bündel an Wissensressourcen darstellt. So ist Wissen in Dokumenten, in Prozessen, in IT-Systemen, in der Organisationsstruktur gebunden. Es braucht aber immer Menschen, die fähig sind, diese Informationen und Wissen auch zu nutzen, anzureichern, auszutauschen sowie externes Wissen, das die internen Ressourcen ergänzt. Daher wird ein gutes Zusammenspiel zwischen Organisationsentwicklung, Personalentwicklung und Informations- und Kommunikationstechnologie in Zukunft, und nicht nur auf Grund der neuen Norm, einen entscheidenden Erfolgsfaktor darstellen.

Wissen aufrecht erhalten Als letzter Schritt im Wissenskreislauf und als Anforderung der ISO 9001:2015 bleibt, das vorhandene und erlangte Wissen aufrecht zu erhalten. Hier gilt es ein Verfahren einzuführen, wie bestehendes Wissen bewahrt werden kann und nicht mehr verloren geht. Dies kann einerseits durch Dokumentation des benötigten Wissens geschehen, um es für die Organisation zu bewahren, andererseits kann Wissen auch dadurch aufrechterhalten werden, indem es an neue Mitarbeiter und Mitarbeiterinnen weitergegeben wird und so für die nächste Generation erhalten bleibt. Die systematische Identifikation von Wissensverlustrisiken z. B. durch Pensionierung oder Mitarbeiterfluktuation ist dabei eine wichtige Voraussetzung um wirksame Maßnahmen zum Wissenserhalt setzen zu können.

In den folgenden Kapiteln werden wir auf jedes Element des Wissenskreislaufes näher eingehen und praktische Hinweise geben, wie eine Umsetzung in der Organisation erfolgen kann.

3.3 Verantwortung für das Wissensmanagement festlegen

Bevor Sie den ersten Schritt zur Erfüllung der Anforderungen der neuen ISO 9001 gehen, sollten Sie jemanden benennen, der oder die für das Wissensmanagement in der Organisation verantwortlich ist. Nachdem die neue ISO 9001:2015 keinen Beauftragten der obersten Leitung mehr vorsieht, sondern die Verantwortung für das Qualitätsmanagementsystem dem gesamten obersten Management überträgt, sollte auch das Wissensmanagement dort angesiedelt sein. Wählen Sie einen Kollegen oder eine Kollegin aus der obersten Führung aus der oder die schon jetzt Interesse für das Thema Wissensmanagement zeigt oder sich bereits in diesem Thema weitergebildet hat. Wichtig ist dabei eines: **Wissensmanagement muss ein Anliegen und die Verantwortung der obersten Leitung sein.** Je nach Unternehmensgröße wird diese Person operativ selbst tätig werden oder die Aufgaben an Mitarbeiter delegieren. Bewährt hat sich in vielen Organisationen eine Kombination aus einer Führungspersönlichkeit auf Geschäftsführerebene, einer Person, die federführend als Wissensmanager arbeitet (voll- oder teilzeit) und einem Team oder Netzwerk von Mitarbeitern (Anteil 10–50 % der Arbeitszeit abhängig von den Aufgaben), die in den operativen Einheiten für die Umsetzung von Wissensmanagement sorgen.

North et al. (2012) haben anhand von Experteninterviews und der Analyse von 25 Stellenanzeigen untersucht, was Wissensmanager tun. Wie Sie aus Abb. 3.2

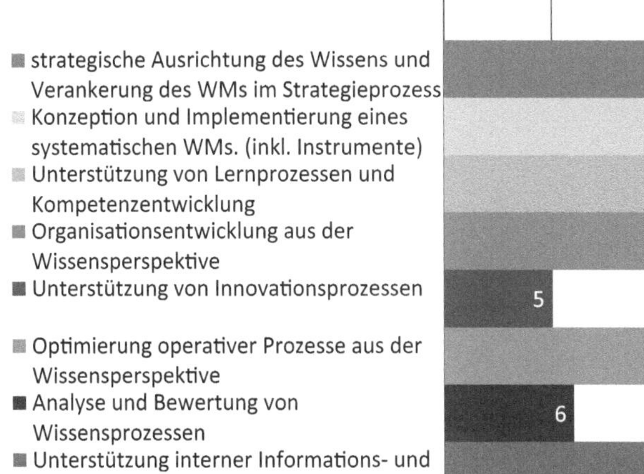

Abb. 3.2 Aufgaben von Wissensmanagern. (Zahlen = Anzahl der Nennungen in 25 ausgewerteten Stellenanzeigen)

ersehen wurde am häufigsten genannt die Konzeption und Implementierung eines systematischen Wissensmanagements, einschließlich zugehöriger Instrumente. Die Unterstützung interner Informations- und Kommunikationsflüsse (Wissenstransfer) wurde 18 Mal genannt. Mit 13 Nennungen folgten die Optimierung operativer Prozesse aus der Wissensperspektive sowie die Unterstützung von Lernprozessen und Kompetenzentwicklung innerhalb des Unternehmens. Ein Musterstellenprofil für Wissensmanager/innen finden Sie im Anhang II.

Benötigtes Wissen bestimmen 4

Welches Wissen ist erforderlich für die Erfüllung der Kundenanforderungen, um heute und in der Zukunft den Markterfordernissen gerecht zu werden? Zur Erfüllung der ersten Anforderung der ISO 9001 ist es also notwendig nicht nur derzeit erforderliches Wissen zu bestimmen, sondern auch zukünftiges. Der Normtext spricht daher davon „… *mit sich ändernden Erfordernissen und Entwicklungstendenzen muss die Organisation ihr momentanes Wissen berücksichtigen…*" (DIN EN/ISO 9001:2015, 7.1.6).

Hierzu müssen wir uns zunächst klar werden, über welches Wissen wir reden. In Tab. 4.1 finden Sie ausgehend von den grundlegenden Fragestellungen zur Positionierung einer Organisation die relevanten Wissenskategorien. Die Bestimmung des benötigten Wissens hat eine strategische und eine operative Dimension, die wir im Folgenden beide betrachten.

4.1 Die strategische Dimension

Ausgangspunkte für die Bestimmung des benötigten Wissens sind die Vision und Strategie der Organisation mit Blick auf die Möglichkeiten und Risiken im Geschäftsumfeld. Wichtig ist dabei, nicht nur jenes Wissen zu betrachten, das zur Erfüllung der Anforderungen der direkten Kunden benötigt wird, sondern gemäß ISO 9001:2015 auch jenes Wissen, um den Anforderungen aller relevanter interessierter Parteien gerecht zu werden. Als interessierte Parteien werden dabei alle Personen, Systeme oder Organisationen gesehen, die einen Einfluss auf die Fähigkeit der eigenen Organisation haben, die Anforderungen der Kunden und die gesetzlichen sowie behördlichen Anforderungen zu erfüllen (DIN EN/ISO 9001:2015, 4.2).

Um die interessierten Parteien und ihre Anforderungen bestimmen zu können, muss jedoch in einem ersten Schritt der sogenannte Kontext der Organisation er-

© Springer Fachmedien Wiesbaden 2016
K. North et al., *Wissensmanagement für Qualitätsmanager,* essentials,
DOI 10.1007/978-3-658-11250-9_4

Tab. 4.1 Zentrale Wissensbereiche einer Organisation

Strategie- und Zielklärung	Welches Wissen benötigen wir dafür?
Kontext: *Welche Veränderungen im Organisationskontext bieten Potenziale oder schaffen Bedrohungen?*	**Kontextwissen:** Gesetzliche Regelungen, sozial- und wirtschaftspolitische Entwicklungen, Branchenentwicklung, länderspezifische/regionale Eigenheiten, Anforderungen der Stakeholder, Beziehungen zu externen Wissensquellen, etc.
Markt: *Was wollen wir auf welchen Märkten erreichen?*	**Marktwissen:** Marktentwicklung, spez. Trends, Marktpotenzial, Marktvolumen und Marktanteile, Konkurrenz, dominierende und innovative Geschäftsmodelle, Branding, etc.
Kunden: *Wie können wir die aktuellen und zukünftigen Kundenanforderungen optimal erfüllen?*	**Kundenwissen:** Aktuelle und zukünftige Kundenanforderungen und -präferenzen, Kaufverhalten, Kundenfeedback, Art der Kundenbeziehungen, Kundenhistorie, etc.
Produkte: *Wie können wir durch einzigartige Produkte und Dienstleistungen unsere Wettbewerbsposition stärken?*	**Produktwissen:** Produktentwicklung und -gestaltung, Wissen über Produktinnovationen Wissen über Konkurrenzprodukte, Servicewissen, etc.
Prozesse: *Wie können wir Produktivität, Qualität und kontinuierliche Verbesserung unserer Prozesse sicherstellen?*	**Prozesswissen:** Kritisches Wissen bezogen auf einzelne Prozesse, Prozessmanagement, Prozessanalyse, KVP-Methodenwissen, etc.
Technologien: Welche *Technologien und Verfahren wollen wir beherrschen und entwickeln?*	**Technologie-/Verfahrens-/ Methodenwissen:** Grundlagen- und Anwendungswissen, F&E Methoden, Absicherung geistigen Eigentums (Patente, Lizenzen…), etc.
Organisation: *Wie wollen wir uns organisieren und unsere Ressourcen managen um nachhaltig wettbewerbsfähig zu bleiben?*	**Organisations-/Managementwissen:** Normatives Wissen (Werte und Organisationskultur), Wissen über Organisationsentwicklung und –formen, Managementwissen, etc.

mittelt und verstanden werden. In der ISO 9000:2015 wird der Kontext der Organisation folgendermaßen definiert:

> Kombination interner und externer Themen, die eine Auswirkung auf die Vorgehensweise einer Organisation hinsichtlich der Entwicklung und des Erreichens ihrer Ziele haben kann (DIN EN/ISO 9000:2015, 3.2.2).

Externe Faktoren beinhalten gesetzliche, technische, wettbewerbliche, marktübliche, kulturelle, soziale oder wirtschaftliche Rahmenbedingungen, in die die Organisation eingebettet ist. Ein weiterer Aspekt dabei ist, ob die Organisation international, national, regional oder lokal tätig ist. Der interne Kontext kann durch die Betrachtung der Unternehmenskultur, der Werte oder der Kernkompetenzen des Unternehmens ermittelt werden.

Im Rahmen der strategischen Planung, mithilfe einer SWOT-Analyse oder mit der periodischen Durchführung einer Wissensbilanz (www.akwissensbilanz.org) kann, am besten durch Einbindung von Mitarbeiterinnen und Mitarbeitern aller Bereiche, das benötigte Wissen und die benötigte Kompetenz zur Erfüllung der Anforderungen extrahiert werden. Hierbei sind folgende Leitfragen hilfreich:

- Welche Kernkompetenzen ermöglichen es uns, in den nächsten (drei) Jahren, einen überlegenen Mehrwert für die Kunden zu erzielen? Welches Wissen und welche Kompetenz benötigen wir, um unsere Wettbewerbsfähigkeit zu erhalten oder auszubauen? *Was müssen wir tun, um diese Kompetenzen aufzubauen?*
- Was machen wir besser als unsere Konkurrenten? *Wie können wir diese Stärken ausbauen?*
- Was machen unsere Konkurrenten besser als wir? *Was können wir daraus lernen?*

4.2   Die operative Dimension

Aus operativer Sicht gilt es insbesondere, für einzelne Prozesse, Methoden und Verfahren das erfolgskritische Wissen zu ermitteln.

Eine mögliche Vorgehensweise zur Ermittlung des benötigten Wissens ist, Prozessbeschreibungen zur Hand zu nehmen und die einzelnen Prozessschritte zu analysieren:

- Welche der Prozessschritte sind (besonders) kritisch für die Qualität und Zielerreichung des Prozesses? Welches Wissen, welche Qualifikationen oder Kompetenzen werden für diese Schritte benötigt? Dies ist vielleicht schon in Ihren „Qualifikationsmatrizen" dokumentiert
- Wie hoch sind die Risiken, wenn uns spezifisches Wissen fehlt?
- Welche Prozesse, Methoden, Verfahren machen unsere Organisation einzigartig oder prägen unser Bild bei den Kunden und interessierten Parteien? Z. B. die Art des Vertriebs oder Service, die didaktischen Methoden einer Bildungseinrichtung, der Beratungsansatz eines Consulting-Unternehmens.
- Welche Leistungen oder Teilprozesse sind „leicht" am Markt zu beschaffen (Outsourcing) und bedingen keinen Verlust relevanten Wissens?

Das benötigte Wissen hängt auch sehr stark mit den derzeitigen oder zu entwickelnden Kernkompetenzen der Organisation zusammen, da eine Kernkompetenz immer durch die Interaktion persönlicher Kompetenzen (Humankapital), Informationen, Infrastrukturen, Rechten etc. (Strukturkapital) und externem Wissen (Beziehungskapital) entsteht. Nur eine Gesamtsicht wird den realen Anforderungen gerecht, da ein profilierter Experte ohne aktuelle Informationsressourcen ebenso wenig kompetent handeln kann wie eine ausgeklügelte Arbeitsanweisung ohne den geeigneten Mitarbeiter nützlich ist.

Eine weitere Möglichkeit benötigtes Wissen zu bestimmen ist die Betrachtung von Wissenslücken. Wo hat in der Vergangenheit spezifisches Wissen gefehlt um Kundenanforderungen erfüllen zu können? Waren Informationen über den Kunden nicht vorhanden, gab es Unklarheiten über den Auftrag oder fehlten Daten um mit der Produktion oder Dienstleistung zu beginnen?

Vieles wird dabei schon in Ihrer Organisation vorhanden sein, doch dazu kommen wir im nächsten Kapitel. Wichtig in diesem ersten Schritt ist, dass Sie offen und vorurteilsfrei in die Ermittlung gehen. Sie werden erstaunt sein, welches Wissen sie derzeit noch nicht haben, welches Sie eigentlich benötigen, aber auch Wissen haben, welches zur Erfüllung der Anforderungen der interessierten Parteien gar nicht erforderlich ist.

Wenn Sie folgende Fragen mit Ja beantworten können, haben Sie die erste Anforderung der Norm bereits mit großer Wahrscheinlichkeit erfüllt.

Kontrollfragen: Benötigtes Wissen bestimmen

1. Werden aus der Unternehmensstrategie Wissens- und Kompetenzziele abgeleitet: Was müssen wir wissen und können, um die Markt- und Kundenanforderungen heute und zukünftig „einzigartig" zu erfüllen?
2. Werden (zukünftige) Kundenanforderungen, Markt- und Technologietrends systematisch analysiert und daraus Anforderungen an Wissen/Kompetenz abgeleitet?
3. Wird kritisches Wissen für einzelne Prozesse identifiziert und konkret bestimmt?

Vorhandenes Wissen betrachten 5

Wissen Sie, ob ihre Organisation über das erforderliche Wissen verfügt? Diese Frage sollten Sie sich stellen, um die nächste Anforderung der ISO 9001 zu erfüllen.

Die Schwierigkeit, relevantes Wissen zu betrachten resultiert aus den unterschiedlichen „Aggregationsformen" von Wissen: So konkretisiert sich z. B. ein Beschaffungsprozess im Wissen der Mitarbeiter des Einkaufs über Märkte, in der Fähigkeit, Verhandlungen mit Zulieferern zu führen, in der Strukturierung des Prozessablaufs von Einkaufsanforderungen bis zum Finden und unter Vertrag nehmen von Lieferanten. Auch das Wissen eines wichtigen Lieferanten kann relevant sein. Wissen ist gebunden in Datenbanken, Beschaffungs-Software, Werten und Zielsetzungen der Mitarbeiter der Beschaffungsabteilung und in externen Wissensquellen. Welches Wissen ein einzelner Mitarbeiter, eine einzelne Mitarbeiterin oder eine externe Wissensquelle hat und wie relevant es ist weiß man oft erst dann, wenn es für die Organisation verloren geht und eine „Wissenslücke" hinterlässt. Die Wissensverlust-Risikoanalyse (siehe Kap. 8) kann Bewusstsein für die Relevanz des Wissens schaffen, bevor dieses verloren geht.

5.1 Strukturierte Analyse

Die Analyse des vorhandenen Wissens sollte ähnlich strukturiert wie die Betrachtung des benötigten Wissens durchgeführt werden, um einen Soll-Ist-Vergleich zu erleichtern und festzustellen, welcher Handlungsbedarf besteht. Im vorangegangen Kapitel wurde darauf eingegangen wie Sie anhand Ihrer strategischen und operativen Ziele das benötigte Wissen bestimmen können. Jetzt geht es darum, den Ist-Zustand zu erheben und aus dem Soll-Ist-Vergleich möglichen Handlungsbedarf abzuleiten (siehe Tab. 5.1). Sie können das vorhandene Wissen strukturieren nach

© Springer Fachmedien Wiesbaden 2016
K. North et al., *Wissensmanagement für Qualitätsmanager,* essentials,
DOI 10.1007/978-3-658-11250-9_5

Tab. 5.1 Analyse des vorhandenen Wissens und Soll-Ist-Vergleich

1. Strukturierung des Wissens	2. Soll	3. Ist	4. Wo und wie sind Wissen und Kompetenz vorhanden?	5. Handlungsbedarf
Wissenskategorie			In welchen	z. B. Qualifikation eines Mitarbeiters oder Erschließen einer externen Wissensquelle
(Z. B. Kontext-, Markt Kundenwissen…)			Abt., Teams, Personen?	
Themenfeld (z. B. erneuerbare Energien)			Netzwerken, CoP?	
Prozess (z. B. Beschaffungsprozess)			Datenbasen, Dokumenten	
			Patenten, Lizenzen, Markenrechten	
			Kooperationen und Verträgen mit Know-Trägern	

der Gliederung im vorangegangen Kapitel oder bezogen auf einzelne Themenfelder bzw. bezogen auf Prozesse.

Haben Sie beispielsweise besonderes Erfahrungswissen, Patente oder besondere externe Wissensquellen, ohne die es nicht möglich wäre, weiterhin erfolgreich tätig zu sein?

Haben Sie Ihr Service-Wissen so aufbereitet, dass Sie Kundenanfragen rasch und konsistent beantworten können?

Oder betrachten Sie automatisierte Fertigungsprozesse: Ein einzelner Mitarbeiter wird nicht mehr wissen, wie die gesamte automatisierte Produktion erfolgt aber trotzdem schaffen Sie es möglicherweise tausende Produkte damit täglich herzustellen.

Genau dies stellt das erforderliche Wissen der Organisation im Sinne der Norm dar.

5.2　Kompetenzen der Mitarbeiter erfassen

Stellen Sie auch die Frage, welche Kompetenzen Ihre Mitarbeiter und Mitarbeiterinnen heute schon haben oder welche Experten und Expertinnen es zu spezifischen Fachgebieten bereits in der Organisation gibt. Eine Reihe von Organisationen hat hierzu ein Skills- oder Kompetenzmanagement (North et al 2013) eingeführt. Eine einfache Möglichkeit zu identifizieren, wer was weiß oder kann ist die Erstellung einer sogenannten **Kompetenzmatrix**. Dabei wird bezogen auf z. B. spezifische Wissensgebiete oder Prozessschritte erfasst, wer „Kenner", „Könner" oder „Experte" ist. So ergeben sich ein erster Gesamtüberblick und ein gute Basis

	Egon	Claudia	Horst	Agathe
Marktanalyse	★★★	★	★	★
Wartung Anlage X			★★	★
Prozess-schritt Y	★★★	★★		★
Projekt-management		★	★★	

★★★ Hohe Kompetenz ★★ Mittlere Kompetenz ★ Grundkenntnisse

Abb. 5.1 Die Wissens- oder Kompetenzmatrix

um Wissenslücken zu identifizieren. Außerdem hilft diese Aufstellung bei der Organisation der Wissensvermittlung, so wie im Kap. 7 noch gezeigt werden wird (Abb. 5.1).

Die Wandlungs- und Innovationsfähigkeit einer Organisation oder der Umgang mit Fehlern (Fehlerkultur) beruhen auf weitgehend implizitem Wissen der Organisationsmitglieder. Auch hier ist quasi Wissen „gespeichert", das über mehrere Jahre aufgebaut wurde. Versuchen Sie allerdings nicht das unmögliche Unterfangen, das gesamte Wissen der Organisation zu erfassen, sondern **konzentrieren Sie sich operativ auf kritisches Wissen in wichtigen Prozessen und strategisch auf den Ausbau der Wettbewerbsfähigkeit durch Verstärkung der Alleinstellungsmerkmale**. Also auf jenes Wissen, das entsprechend der Begriffsdefinition von Bedeutung ist.

Steht Ihrer Organisation derzeit schon das Wissen zur Verfügung, um bestehende und zukünftige Kundenanforderungen erfüllen zu können oder fehlt entscheidendes Wissen? Wenn dies der Fall ist müssen Sie fehlendes Wissen intern oder extern beschaffen. Wie dies möglich ist, soll im nächsten Kapitel erläutert werden.

Kontrollfragen: Vorhandenes Wissen betrachten
1. Werden die Kernkompetenzen und erfolgskritisches Wissen der Organisation periodisch ermittelt und reflektiert: Was wissen und können wir, das unsere Wettbewerbsfähigkeit nachhaltig sichert?
2. Werden wichtige Qualifikationen und Kompetenzen der Mitarbeiter (Humankapital) bestimmt und periodisch evaluiert?

Sie können und müssen nicht alles wissen, aber Sie müssen wissen, wo Sie nachsehen oder nachfragen können. Dieser Satz charakterisiert bereits sehr gut die Erfüllung der Anforderungen dieses Normpunktes. Haben Sie eine Strategie und systematische Vorgehensweise, benötigtes Wissen intern und/oder extern zu erlangen?

Die Wahrscheinlichkeit, dass die Differenz zwischen benötigtem und vorhandenem Wissen gleich Null ist, ist sehr gering. In einem dynamischen Umfeld, in welchem sich jede Organisation heute befindet wird es notwendig sein, neues Wissen ständig aufzubauen bzw. zu erlangen. Haben Sie also die Differenz zwischen Soll und Ist erkannt, so nennt die ISO 9001:2015 als Hilfestellung zwei mögliche Quellen auf welchen Wissen der Organisation basieren kann: Interne oder externe Quellen.

6.1 Interne Quellen

Interne Quellen sind zunächst einmal die eigenen Mitarbeiter und Mitarbeiterinnen bzw. Kollegen und Kolleginnen. Sie müssen sich dabei die Frage stellen: Gibt es Experten in der Organisation, deren Wissen für die Erfüllung der Kundenanforderungen relevant aber noch nicht dokumentiert ist? Dazu müssen Sie kritische Prozesse hinterfragen und ermitteln, wer mit welchen Informationen/Wissen zum Gelingen beiträgt. Haben Sie das geschafft, so sollten Sie gemeinsam mit dem Wissensträger oder der Wissensträgerin, das Wissen zum Beispiel in einer Verfahrensanweisung dokumentieren.

Das Lernen aus Fehlern stellt eine weitere interne Wissensquelle dar. Bei jedem Auftreten eines Mangels sollten Sie die Ursache analysieren, Korrekturmaßnahmen ergreifen und bei Erfolg diese auch der gesamten Organisation zur Verfügung stellen. Zum Beispiel über eine Intranetplattform. Gerade in großen Unternehmen,

© Springer Fachmedien Wiesbaden 2016

K. North et al., *Wissensmanagement für Qualitätsmanager*, essentials,

DOI 10.1007/978-3-658-11250-9_6

treten an unterschiedlichen Stellen dieselben Fehler auf weil man es nicht geschafft hat, die Fehlerbehebung rasch und effizient im Unternehmen zu kommunizieren. Kommunikation ist in diesem Zusammenhang ohnehin der Schlüssel zum Erfolg.

Die Nachschau auf erfolgreiche oder nicht so erfolgreiche Projekte kann ebenfalls eine interne Quelle noch nicht erschlossenen Wissens sein. Was lief beim Projekt gut, was lief schlecht? Was kann man für die nächsten Projekte als Erfolgskriterien oder Misserfolgskriterien mitnehmen?

Unterschiedlichste Lernformen (z. B. E-Learning, arbeitsplatznahes Lernen, Lernen im Team) können auch die Erlangung des benötigten Wissens unterstützen.

6.2   Externe Quellen

Für den Wissenserwerb können auch externe Quellen herangezogen werden. Die ISO 9001 nennt als externe Quellen unter anderen Normen, Hochschulen oder Konferenzen. Aber auch weiterführende (Fach-) Literatur, Bildungsanbieter, Forschungsinstitute, Berater oder professionelle Netzwerke können als externe Ressource in Anspruch genommen werden. Gerade diese Vernetzungen und Kooperationen mit externen Quellen erhöhen die Handlungs- und Lernfähigkeit der Organisation.

Als externe Wissensquellen zählen auch die sogenannten interessierten Parteien. Dies sind unter anderen: Kunden, Lieferanten, Eigentümer, und die Gesellschaft.

Die Ermittlung der Anforderungen der interessierten Parteien und die Dokumentation stellt dabei bereits einen entscheidenden Schritt für die Erlangung des benötigten Wissens dar.

Organisationen nutzen zunehmend Ansätze der „Open Innovation", indem mit externen Partnern neue Lösungen für Produkte, Dienstleistungen, Prozesse, und Geschäftsmodelle entwickelt werden. Hierbei kann es auch nützlich sein, die Ideen vieler Menschen durch z. B. „Crowdsourcing" zu nutzen, um aktiv externes Wissen zu erhalten.

Kontrollfragen: Benötigtes Wissen erlangen

1. Gibt es eine Strategie und systematische Vorgehensweise, benötigtes Wissen intern und/oder extern zu erlangen?
2. Unterstützen vielfältige Lernformen die Erlangung des benötigten Wissens (z. B. Schulungen, E-Learning, arbeitsplatznahes Lernen, Lernen im Team)?

3. Werden gewonnene Erfahrungen (Lernen aus Fehlern/Erfolgen, Lessons Lear-
   ned) systematisch ausgewertet und nutzbar gemacht?
4. Entwickelt die Organisation und nutzt systematisch externe Wissensquellen
   (z. B. Kooperationen mit Forschungs- und Bildungsdienstleistern, Beratern,
   Kunden, Lieferanten, Online-Services u. v. m.)?

Wissen vermitteln und verfügbar machen

Die Erlangung des benötigten Wissens ist untrennbar verbunden mit dem Wissensaustausch und der Vermittlung innerhalb der Organisation. Nachdem das benötige Wissen ermittelt und über interne oder externe Quellen beschafft wurde, muss es in der Organisation zur Verfügung gestellt werden. Wichtig dabei ist jedoch zu erkennen, dass organisationales Wissen nur über das Individuum Eingang in die Organisation finden kann.

Und hier beginnt die größte Herausforderung im Wissensmanagement. Denn Wissen Mitarbeitern und Mitarbeiterinnen gezielt zu vermitteln und verfügbar zu machen ist einfacher gesagt als getan. Mit der Ermittlung des für die Organisation relevanten Wissens wurde noch nicht bestimmt, an welcher Stelle es verfügbar sein muss. Dies muss nun in diesem Schritt nachgeholt werden.

7.1 Persönlicher Austausch und Dokumentation

Die Anforderung der „Lenkung von Dokumenten" welche bereits in vorangegangenen Versionen der ISO 9001 ein entscheidendes Element darstellte, hat die Forderung Wissen zu vermitteln und verfügbar zu machen bereits vorweggenommen. Es wurde und wird gefordert, dass die richtigen Dokumente (in der neuen Version dokumentierte Information) zur richtigen Zeit am richtigen Ort verfügbar gemacht werden.

Erweitern wir diese Forderung, so stellt sich die Frage wie Organisationen **sicherstellen, dass die richtigen Informationen, das richtige Wissen und die richtige Kompetenz bedarfsgerecht zur Anwendung kommen.** Hierbei kommt es nicht nur auf den Inhalt an, sondern die nutzerspezifische Aufbereitung und Vermittlungsform sind oft entscheidend, ob Informationen oder Wissen genutzt werden.

© Springer Fachmedien Wiesbaden 2016
K. North et al., *Wissensmanagement für Qualitätsmanager, essentials,*
DOI 10.1007/978-3-658-11250-9_7

Zur Wissensvermittlung und Verfügbarmachung sollte es daher eine Strategie der Dokumentation und des persönlichen Austauschs geben: Persönlicher Austausch (intern und extern) ist dort sinnvoll, wo implizites Wissen (Verhalten, Werte, Intuition) vermittelt und direktes Feed-back erwünscht ist. Nutzergerecht aufbereitete Dokumente (auch in Form von Videos oder Podcasts) dienen der Vermittlung expliziten Wissens. Der Zugriff auf Prozessbeschreibungen über das Intranet, die Nutzung von Social Software oder von integrierten Produktions-Lernsystemen, welche Standardisierung, kontinuierliche Verbesserung, Einarbeitung und Aktualisierung des Wissens verbinden, sind wirksame Instrumente. Ebenso können Communities of Practice (Wissensgemeinschaften) oder Seminare „Kollegen lernen von Kollegen" zum Wissensaustausch beitragen. Wichtig ist, diese Lern- und Austauschformen in der Organisation zu verankern.

7.2   Push- und Pull-Strategie kombinieren

Zur Vermittlung von Informationen und Wissen hat sich in vielen Organisationen eine kombinierte Push-Pull-Strategie bewährt. Beim „Push" werden Mitarbeiter (gezielt) mit wichtigen Informationen/Wissen versorgt, während beim „Pull" Mitarbeiter sich bedarfsgerecht informieren oder das benötigte Wissen aufbauen.

Um zu entscheiden, ob eher „Push" oder „Pull" gefragt ist, sind folgende Unterscheidungen hilfreich:

a. Informationen/Wissen, über die jedes Organisationsmitglied verfügen sollte. Hierzu zählen u. a. Verhaltensrichtlinien, Leitbild, Qualitäts- und Sicherheitsnormen, relevante Veränderungen im Umfeld und in der Organisation;
b. Informationen/Wissen, über die spezifische Mitarbeitergruppen verfügen sollten. Beispiel hierfür sind Verhandlungswissen für Beschaffungs- und Vertriebsmitarbeiter, spezifische Hygieneanforderungen, Projektmanagementwissen, Führungswissen usw.;
c. Informationen/Wissen zur Ausführung einer individuellen Tätigkeit. Hierunter fallen u. a. spezifische technische und organisatorische Kenntnisse, ohne die ein Mitarbeiter nicht in der Lage ist seine Tätigkeit anforderungsgerecht auszuführen;

Push-Strategien sind sinnvoll für Informationen der Kategorien a) und b). Der „Push" kann z. B. erfolgen durch Publikation von wichtigen Informationen über das Intranet, durch Rundmails, Informationsbildschirme, Mitarbeiterversammlungen oder durch (verpflichtende) spezifische Schulungen/Seminare.

Aber auch hier sollten Mitarbeiter die Möglichkeit haben, sich die gewünschten Informationen zusätzlich zu „ziehen" („Pull")

Die Pull-Strategie ist insbesondere für das tätigkeitsspezifische Wissen (Kategorie c) effektiv. Hierzu zählt, das (elektronische) Handbücher, Prozessbeschreibungen, technologisches Wissen usw. vom Mitarbeiter anlassbezogen in nutzerfreundlicher Form abgerufen werden können. Dies beinhaltet auch die Konsultation eines Helpdesks oder von Experten.

7.3 Wissen vermitteln – Kompetenz erlangen

Push und Pull von Informationen und Wissen dienen letztlich dem Aufbau von Kompetenzen. Hierbei ist eine der Herausforderungen, Aus- und Weiterbildung an konkreten Bedarfen zu orientieren und diese in Wissens- und Kompetenzziele zu übersetzen. Aus der in Kap. 5 dargestellten Kompetenzmatrix oder aus Skills-Management-Systemen ergibt sich eine erste Übersicht, wo Handlungsbedarf der Wissensvermittlung besteht, der dann in entsprechenden Maßnahmen mündet (siehe Tab. 7.1).

Kompetenzentwicklung sollte auch Eingang in Zielvereinbarungen und Beurteilungssysteme finden. Ziele können sich sowohl auf die Erweiterung der persönlichen Kompetenz richten als auch auf die Weitergabe von Wissen (z. B. Einarbeiten eines Nachfolgers). Sie orientieren sich im Allgemeinen sowohl an den Erfordernissen der Organisation als auch an den Interessen der Mitarbeiter. Die Kompetenzziele werden periodisch gemessen und angepasst. Der Mitarbeiter selbst ist gefordert, sich aktiv an der Zielbildung zu beteiligen.

Einige Organisationen haben eine Zahl von „Weiterbildungspunkten" festgelegt, die jährlich durch den Besuch von Weiterbildungsveranstaltungen, das Absolvieren von E-Learning-Modulen oder andere Maßnahmen erreicht werden müssen.

Tab. 7.1 Beschreibung von Kompetenzzielen und Maßnahmen zur Zielerreichung. (Quelle: North und Güldenberg 2008, S. 164)

Kompetenzziele	Priorität	Zeithorizont	Maßnahmen zur Zielerreichung

7.4   Motivation zur Wissensteilung schaffen

Ein weiterer wichtiger Aspekt ist die Bereitschaft der Mitarbeiter Wissen zu teilen. Daher sind eine Unternehmenskultur und Anreizsysteme, die Wissensaustausch und gemeinsames Lernen fördern, essentiell für den Erfolg. Die Betonung von Führung („Leadership") in der neuen ISO 9001 gegenüber der bisherigen „Verantwortung der Leitung" setzt hierfür den richtigen Akzent. In einigen Unternehmen enthalten Stellen- oder Tätigkeitsbeschreibungen Anforderungen zur Dokumentation von Arbeitsergebnissen und zur Wissensweitergabe.

Auch in der **Mitarbeiterbeurteilung** bzw. im periodisch stattfindenden Mitarbeitergespräch sollten Kriterien des Wissensaufbaus und Wissenstransfers ihren Platz finden. So werden z. B. Mitarbeiter gefragt:

1. *Was haben Sie im vergangenen Jahr getan, um ihre eigene Kompetenz zu steigern?*
2. *Wie haben Sie zur Weiterentwicklung der Wissensbasis des Unternehmens beigetragen (z. B. durch Mitarbeit in Netzwerken, durch Einstellung von Präsentationen im Informationssystem, durch Bereitstellung von Projektberichten, Projektprofilen usw., Schulung von Kollegen)?*

Führungskräfte werden zusätzlich gefragt:

3. *Wie haben Sie den Kompetenzaufbau und die Wissensweitergabe ihrer Mitarbeiter gefördert?*

Zur abgestimmten individuellen und organisationalen Wissensvermittlung wird daher ein gutes Zusammenspiel zwischen Organisationsentwicklung und Personalentwicklung einen entscheidenden Erfolgsfaktor darstellen.

Kontrollfragen: Wissen vermitteln und verfügbar machen

1. Fördern Unternehmenskultur und Anreizsysteme Wissensaustausch und gemeinsames Lernen?
2. Sind Aus- und Weiterbildung effektiv auf strategische und operative Wissens- und Kompetenzziele ausgerichtet?
3. Werden Einarbeitung neuer Mitarbeiter und Wissenstransfer ausscheidender Mitarbeiter systematisch praktiziert?

4. Wird individuelles Expertenwissen durch Dokumentation bzw. persönlichen (internen und externen) Austausch für die Organisation verfügbar gemacht?
5. Gibt es eine Push- und Pull-Strategie für unterschiedliche Wissenskategorien?
6. Unterstützen Medien und Informationssysteme (z. B. Datenbasen, Intranet, Social Software) nutzerorientiert Zugriff auf und Austausch von Informationen/ Wissen intern und extern?

Wissen aufrecht erhalten

Als letzter Schritt im Wissenskreislauf und als Forderung der ISO 9001 bleibt, das vorhandene organisationale Wissen aufrecht zu erhalten. Die Bewahrung des Wissens ist ein bedeutendes Element des Wissensmanagements und kann erfolgsentscheidend für die Zukunft einer Organisation sein.

8.1 Mitarbeiterbezogene, technische und rechtliche Maßnahmen

Ein Unternehmen kann sich gegenüber Wissensverlusten bzw. Entwertung von Wissen grundsätzlich durch eine Kombination von drei Arten von Maßnahmen absichern: mitarbeiterbezogene, technische und rechtliche Maßnahmen (North 2011).

Mitarbeiterbezogene Maßnahmen schaffen Rahmenbedingungen, dass qualifizierte Mitarbeiter im Unternehmen gehalten werden, dass Wissen an Kollegen ständig weitergegeben wird, und dass nach Ausscheiden der Mitarbeiter ihr Wissen, sofern es noch relevant ist, zur Verfügung steht. Der Wert des Wissens der Mitarbeiter kann durch ständige Aus- und Weiterbildung, kombiniert mit der Anwendung des Wissens in der Praxis, abgesichert werden.

In diesem Zusammenhang stellt das systematische Identifizieren von Wissensverlustrisiken (z. B. durch Pensionierung und Mitarbeiterwechsel) eine wichtige Voraussetzung für die Kontinuität der Leistungserbringung dar (siehe Brandner 2015).

Diese kann z. B. durch Dokumentation von implizitem Wissens geschehen, um es für die Organisation zu bewahren, oder durch die Schulung von neuen Mitarbeitern. Das Stichwort „Nachfolgeregelung" ist in diesem Zusammenhang bedeutsam. Die im vorangegangenen Kapitel genannten Instrumente zur Wissensvermittlung und -verfügbarmachung können auch zur Bewahrung und Aktualisierung des Wissens eingesetzt werden.

© Springer Fachmedien Wiesbaden 2016

K. North et al., *Wissensmanagement für Qualitätsmanager*, essentials,
DOI 10.1007/978-3-658-11250-9_8

Eine zweite Form der Wissensabsicherung ist durch **technische Systeme** gegeben. Elemente des expliziten Wissens können als Informationen in Datenbanken abgespeichert werden, so z. B. Projektprofile, Kundenkontakte oder Präsentationen. Weiterhin wird das Wissen von Mitarbeitern integraler Bestandteil von Prozessen oder Technologien. Indem Mitarbeiter z. B. in kontinuierlichen Verbesserungsprozessen zur Produktivitäts- und Qualitätssteigerung beitragen, wird Wissen explizit und in einem neuen Prozess konkretisiert. Technische Systeme sind in der Lage, explizites Wissen zu speichern. Implizites Wissen konkretisiert sich im Verhalten der Mitarbeiter. Technische Systeme sind auch geeignet, einen selektiven Zugang zu Informationen, Labors oder Gebäuden zu regeln, und damit nur spezifischen Mitarbeitern Zugang zu Informationen und Wissen zu ermöglichen. Damit werden Informationen und Wissen gegenüber Unbefugten gesichert.

Rechtlich wird Wissen durch Patente, Lizenz-, Franchising- oder Know-how-Verträge externer Wissensträger mit Allianzpartnern, Zulieferern und Kunden abgesichert. Die Verträge allein können jedoch nur begrenzt vor Wissensverlust schützen, wenn Mitarbeiter ihr im Kopf gespeichertes Wissen zur Konkurrenz tragen.

Unternehmen sollten genauso wie für die materiellen Vermögenswerte einen Sicherungsplan für immaterielle Vermögenswerte entwickeln. In einem solchen Plan sollte analysiert werden, welche die für ein Unternehmen folgenreichsten Wissensverluste sind und welche Konsequenzen diese für das Unternehmen haben könnten. Darauf aufbauend sollten präventive Möglichkeiten der Wissensabsicherung festgelegt und in systematischer Art und Weise durchgeführt werden.

8.2 Wissensbewahrung – ein dynamischer Prozess

Hier gilt es nachzuweisen, dass eine Strategie und eine systematische Vorgehensweise vorhanden sind und umgesetzt werden, die erfolgskritisches Wissen absichern, dokumentieren und aktualisieren. Bauen Sie daher in Ihr internes Audit bewusst Fragestellungen zum Thema Wissensmanagement ein. Hinterfragen Sie, ob das gesamte benötigte Wissen bekannt und vorhanden ist. Gehen Sie mit den Kollegen und Kolleginnen die in Kap. 7 erwähnte Gesamtaufstellung des Wissens durch. Wo ist das für den Bereich erforderliche Wissen dokumentiert oder wie ist sonst der Zugriff darauf sichergestellt? Wer hat das Wissen oder kann darauf zugreifen? Was passiert bei Ausfall eines Kollegen oder einer Kollegin? Was passiert, wenn eine wichtige externe Wissensquelle verloren geht?

All diese Fragen helfen einen aktuellen Status über das vorhandene Wissen zu bewahren und rechtzeitig Maßnahmen zu setzen, bevor Wissen verloren geht.

Wichtig ist zu erkennen, dass es sich dabei um einen dynamischen Prozess handelt. Wurde das Wissen ein erstes Mal gespeichert, so bedeutet dies nicht, dass es in diesem Status für immer konserviert ist. Neues Wissen kommt hinzu und altes nicht mehr relevantes fällt weg. Betrachten Sie daher regelmäßig Ihr organisationales Gedächtnis und überlegen Sie ob das gespeicherte Wissen noch ausreicht, die Kundenanforderungen zu erfüllen. Der Wissenskreislauf hat damit sein Ende erreicht, und initiiert damit den Beginn eines neuen Zyklus.

Ein anderer Aspekt sollte in diesem Zusammenhang aber noch betrachtet werden. Nicht nur die Bewahrung von bestehendem Wissen ist wichtig, es kann auch das gezielte „Verlernen" ein entscheidender Erfolgsfaktor sein. Denken Sie dabei an die Situation in welcher bestehende, tradierte Vorgehensweisen auch bei wiederholter Anwendung nicht zum gewünschten Ergebnis oder sogar zu Fehlern geführt haben. In solch einer Situation ist es wichtig nicht nur neues Wissen zu erlangen, sondern auch altes zu vergessen um nicht wieder in dieselbe Situation wie vorher zu gelangen.

Kontrollfragen: Wissen aufrecht erhalten

1. Gibt es eine Strategie und systematische Vorgehensweise, erfolgskritisches Wissen abzusichern, zu dokumentieren und zu aktualisieren?
2. Werden Wissensverlustrisiken systematisch identifiziert, einzigartiges Wissen wird rechtzeitig vor Mitarbeiterwechsel effektiv weitergegeben?
3. Werden rechtliche Möglichkeiten der Wissensabsicherung (z. B. Patente, Markenschutz) systematisch genutzt?
4. Umfasst das interne Audit auch Fragestellungen zum Thema Wissensmanagement?

Die nächsten Schritte: Von der Erfüllung der ISO-Anforderungen zu einem umfassenden Wissensmanagement

9

Wir haben nun auf Basis der ISO-Anforderungen einen fokussierten Blick auf das Wesentliche des Konzepts Wissensmanagement geboten und dabei einige Begriffe nur kurz angeschnitten, die eine vertiefende Auseinandersetzung verdienen, wenn es um die umfassende Einführung von Wissensmanagement geht. Die Vielfalt möglicher Wissensstrategien sowie Konzepte, Methoden und Instrumente wie beispielsweise die Wissensbilanz, das Führen von Wissensarbeitern, Wissensprozessanalysen, Wissensportale oder Communities of Practice sind umfangreiche Themen. Wer tiefer in das Thema einsteigen will, kann sich weiterführende Literatur anschaffen (siehe Literaturverzeichnis) oder an einer Aus- oder Weiterbildung zum Thema Wissensmanagement teilnehmen.

In Folge soll nur ein kurzer Aus- oder Überblick auf wichtige Themen und Fragestellungen gegeben werden, die in diesem Essentials-Band nicht vollständig behandelt werden können.

9.1 Eine Wissensorganisation aufbauen

Beginnen wir mit der Wissens(management)-Strategie. Die ISO-Forderung ist ja vorerst darauf ausgerichtet, jenes Wissen zu definieren, zu erwerben, verfügbar zu machen und zu erhalten welches benötigt wird, um Ihre Prozesse durchzuführen und um die Konformität von Produkten und Dienstleistungen zu erreichen. Damit wird sprachlich unterstellt, dass Wissensmanagement erst nach der Formulierung der Unternehmensstrategie „an der Reihe" ist. Das ist aber bereits zu spät. Seit den 1990er Jahren gilt die Kernkompetenz als zentrales Element der Strategie und in Folge rückte immer mehr die Frage in den Mittelpunkt strategischen Denkens, wie dieses Wissen besser oder schneller gewonnen, erhalten und verwertet werden kann, als es die Konkurrenz vermag. Interne und externe Wissensanalysen (hier gibt es

© Springer Fachmedien Wiesbaden 2016
K. North et al., *Wissensmanagement für Qualitätsmanager*, essentials,
DOI 10.1007/978-3-658-11250-9_9

eine Reihe von Portfolio-Analysen) sind also die entscheidenden Grundlagen einer Strategie. Eine moderne Unternehmensstrategie wird sich heute kaum von einer Wissensstrategie unterscheiden, denn in ihrem Kern muss es um Wissen, dessen Entwicklung und dessen Verwertung gehen. Wenn wir uns (wie auch in der ISO-Norm formuliert) dazu bekennen, dass Wissen die wichtigste Ressource ist, dann muss sie auch Kern des strategischen Denkens, der Unternehmensstrategie sein.

Wer also an eine umfassende Einführung von Wissensmanagement denkt, sollte ganz zu Beginn Verständnis und Verbindlichkeit für Wissensmanagement insbesondere auf Managementebene gewinnen (vgl. North und Haas 2014). Erst wenn die Bedeutung auf der Vorstandsebene anerkannt wird, hat umfassendes Wissensmanagement in der Organisation eine Chance. Die Führungskräfte müssen Wissensmanagement vorleben. Oftmals wird von Mitarbeitern die „Preisgabe" ihres Wissens verlangt, aber der Vorstand hüllt sich in bedächtiges Schweigen wenn es um aktuelle Entwicklungen im Unternehmen geht. Nur wenn von der obersten Leitung eine offene Kommunikation und eine unmittelbare Weitergabe relevanten Wissens vorgelebt wird, kann dies auch vom Rest der Organisation erwartet werden. Mangelndes Commitment führt dazu, dass Wissensmanagement an einen Mitarbeiter delegiert wird, der sich um das Thema kümmern soll. „Wasch mich, aber mach mir den Pelz nicht nass" lautet da die Devise. Dann werden Einzelaktivitäten umgesetzt, um etwas vorweisen zu können oder um ein akutes Einzelproblem zu lösen. Wissensmanagement ist aber eine Aufgabe, die sich vom TOP-Management bis zum einzelnen Wissensarbeiter durchzieht, ähnlich wie das auch bei anderen Konzepten, wie z. B. Gesundheits- oder Risikomanagement der Fall ist. Manche Unternehmen haben nun begonnen, Wissensmanagement auf Vorstandsebene zu verankern, wie z. B. die Weltbank, die 2013 die Funktion des „Vize-Präsidenten für Wandel, Wissen und Lernen" eingeführt hat. Spezielle WM-Trainingseinheiten für Führungskräfte, Prozess- und Projektmanager, für QM-, HR-, IT-, Risikomanager sowie für Experten und Wissensarbeiter sollten in die bestehenden Trainingsprogramme eingebunden werden, denn der Umgang mit Wissen nimmt mittlerweile den dominierenden Anteil an unserer täglichen Arbeit ein, ist aber noch immer nicht Bestandteil des allgemeinen Bildungskanons an Schulen, Universitäten und Weiterbildungsinstitutionen.

9.2 Wissensarbeit gestalten

Die Gestaltung von Wissensarbeit ist damit eng verbunden (vgl. North und Güldenberg 2011). Solange das unausgesprochene Motto „Wissen ist Macht" als interne Verhaltensregel gilt, kann man zwar einzelne Maßnahmen des Wissensaustauschs in Zielvereinbarungen schreiben, aber die wirklich relevanten Erkenntnisse werden als Reserve für die eigene Karriere zurückgehalten. Wissensarbeit erfordert also eine starke Loyalität zur Organisation und zu den Werten und Zielen der Organisation. „Sinnergie" ist ein Kunstwort, das zum Ausdruck bringt, dass die positive Energie des Denkens und Handelns aus dem Sinn, der Hingabe an eine Sache, an Kunden oder Menschen generell entsteht. Dazu braucht es in Folge auch Freiräume. Unternehmen, die ihre Mitarbeiter maximal mit Aufgaben der Wissensanwendung auslasten (also z. B. in Kundenprojekten einsetzen) dürfen nicht erstaunt sein, wenn wenig Kreatives oder Neues entsteht und Wissen nicht geteilt oder bewahrt wird. Wissensarbeit ist eine wichtige, anspruchsvolle und zeitintensive Tätigkeit, sie erfordert Motivation und Ressourcen wie Zeit, Geld und geeignete Wissensräume. Der klassische Arbeitsplatz mit Schreibtisch und Sessel rückt in den Hintergrund, Räume für Kommunikation, Kreativität, Sozialisation, Rückzug, Teamarbeit u. a. gewinnen an Bedeutung. Am Kaffeeautomat werden ja oftmals aktuellere, wichtigere Informationen ausgetauscht und Wissen weitergegeben als in einem geplanten Meeting. Schaffen Sie also bewusst Freiräume, Zonen des Austauschs zwischen den Kollegen und Kolleginnen und stellen Sie dafür gratis Kaffee zur Verfügung.

Neben den Freiräumen braucht es aber auch klare Verantwortlichkeiten. Eine bewährte Kombination besteht aus einem Vorstandsmitglied, welches das Thema strategisch anführt, einem Wissensmanager (siehe Berufsbild Wissensmanager, Anhang II), der fachlich führt und koordiniert, und einer Wissensmanagement-Gruppe, die aus Vertretern unterschiedlicher Bereiche besteht (z. B. Prozess-, Produktverantwortliche, HR, IT, etc.) und die Umsetzung in allen Unternehmensbereichen mitträgt. Die aktuelle Entwicklung, Wissensmanagement auf Vorstandsebene anzusiedeln, wird sehr begrüßt und entspricht der Rolle von Wissen als der wichtigsten Ressource.

Daneben spielen die sogenannten Experten – oder auch Themenführer – eine zentrale Rolle. Diese sind für das Wissen in einem spezifischen Fachgebiet verantwortlich, z. B. ein technisches Gebiet oder eine methodische Kompetenz. Zu den Aufgaben der Experten gehören das Setzen von Wissenszielen im Themenbereich; das Schaffen von Zugang zu relevanten externen Wissensquellen (Personen, Institutionen, Fachliteratur, Best Practices, etc.); die Sorge für das nutzergerechte Aufbereiten, Verteilen und Sichern des Wissens; Maßnahmen zur raschen Einarbeitung neuer Mitarbeiter in das Themengebiet; Beratung von Kollegen; der Dialog in der themenspezifischen Community of Practice; fachliche Weiterentwicklung und Ausbildung; Publikation und Impulsgebung in der Fachcommunity. Für diese Experten haben bereits viele Unternehmen eigene Expertenkarrieren entwickelt, damit Wissensarbeiter auch ohne disziplinarische Führungsaufgaben einen attraktiven Karriereweg verfolgen können.

Darüber hinaus gibt es spezielle Aufgaben für Prozess- und Projektmanager (Wissen im Prozess bzw. Projekt managen) und schließlich ist jede Wissensarbeiterin und jeder Wissensarbeiter für die Nutzung von vorhandenem Wissen, die fachliche und methodische Weiterbildung, das nutzergerechte Teilen von Wissen, uvm. verantwortlich. Im Wandel von der Industrie- zur Wissensökonomie müssen also einige Jobprofile umgeschrieben werden, um den aktuellen Herausforderungen gerecht zu werden.

Wenn wir schon beim Prozessmanagement sind: Wissensmanagement sollte zumindest als ein Managementprozess definiert sein, keinesfalls als Hilfsprozess. Schließlich ist Wissen die wichtigste Ressource, wie könnte dessen strategisches und operatives Management also ein Hilfsprozess sein? In wissensbasierten Unternehmen werden wohl Wissensprozesse, wie Wissensakquisition, Wissensverteilung, Wissensbewahrung oder Wissensverwertung als Kernprozesse zu definieren sein, wenn Wissen nicht nur Ressource sondern das eigentliche Produkt des Unternehmens ist. Ein Beratungs-, Ausbildungs- oder Forschungsunternehmen beispielsweise sollte die Beschaffung von Expertise für komplexe Projekte oder Kurse als einen Kernprozess betrachten, ähnlich wie eben ein Industrieunternehmen die Beschaffung von Material als Kernprozess definiert.

9.3 Netzwerke und Communities entwickeln

Ein weiteres Handlungsfeld, das hier nur kurz angeschnitten werden kann, ist das Entwickeln von Wissensnetzwerken oder Communities of Practice. Diese sind zwar begrifflich sehr positiv belegt, die Umsetzung in der Praxis ist jedoch weitläufig deutlich unter dem Potenzial. Viele Organisationen begnügen sich zu früh mit der Existenz eines informellen Netzwerkes, in dem es weder Verantwortliche noch Ziele, Regeln, geeignete Arbeitsinstrumente und –methoden, klare Wissensprodukte oder messbare Erfolgskriterien gibt. Wissensnetzwerke sind aber entscheidend, denn ab einer gewissen (schon geringen) Unternehmensgröße verfügen die Mitarbeiter nicht mehr über das gesamte relevante Wissen und Können in ihren Themenbereichen. Daher sind die interne und die externe Vernetzung notwendig, um „state-of-the-art" zu bleiben und aktuelle Entwicklungen voranzutreiben anstatt ihnen hinterherzulaufen. Wissensnetzwerke auf hohem Niveau zu halten erfordert aber ein hohes Engagement und spezifische Qualifikationen, vor allem soziale und methodische Kompetenzen. Gerade die externe Vernetzung wird noch immer unterschätzt. Dabei ist das meiste relevante Wissen nicht innerhalb der Organisation sondern außerhalb vorhanden. Man muss also sehr geschickt Netzwerke mit externen Partnern schaffen und durch den Aufbau dauerhafter Wissenspartnerschaften strategische Vorteile gewinnen. Externes Wissen sollte einen ebenso hohen Stellenwert im Wissensmanagement haben, wie das interne Wissen. Damit kommen wir auch zum vorerst letzten Thema, die Wissensbewertung.

9.4 Wissen bilanzieren

Bewertungsinstrumente gibt es mittlerweile für nahezu alle Lebensbereiche. In den Unternehmen dominieren nach wie vor die finanziellen Kennzahlen (hinsichtlich Detaillierungsgrad und Aufmerksamkeit des Managements). Diese sind aber das Resultat vergangener Leistungen und damit eine unzureichende Orientierung für die zukünftige Leistungsfähigkeit und Ertragkraft eines Unternehmens. Wissenskennzahlen sollten daher ebenso viel Aufmerksamkeit bekommen wie Finanzkennzahlen oder Leistungs- und Prozesskennzahlen. Ein integriertes Managementsystems hat also finanzielle Kennzahlen, Marktkennzahlen, Prozess- und Wissenskennzahlen zu vereinen. Das in den späten 90ern entstandene Modell der Wissensbilanz hat sehr breite Anerkennung gefunden, weil es Klarheit hinsichtlich der Wissenskennzahlen schuf in einer Zeit, in der sich Manager zwar für Wissenskennzahlen interessiert haben, aber eine Integration in das Management-System noch nicht riskieren wollten. Das Modell der Wissensbilanzierung veranschaulicht die Wertschöpfungskette des Wissensmanagements und zeigt, wie durch Wissensmanagement Wissenskapital gebildet wird, das wiederum zur Erbringung von Leistungen und Kundennutzen erforderlich ist (siehe Abb. 9.1, akwissensbilanz.org).

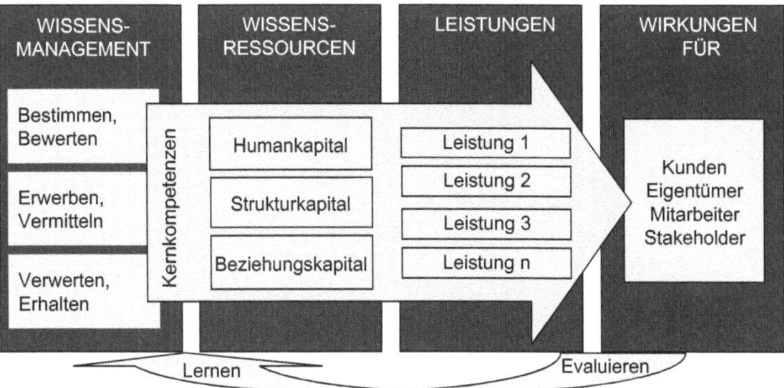

Abb. 9.1 Das Wertschöpfungsmodell der Wissensbilanz

Wissenskennzahlen setzen meist an den Bereichen Wissensmanagement und Wissensressourcen an. Unternehmen, die eine Wissensbilanz entwickeln, sollten darauf achten, dass die Kennzahlen in das Integrierte Management-System eingebunden sind.

Kontrollfragen: Von der Erfüllung der ISO-Anforderungen zu einem umfassenden Wissensmanagement

1. Ist das Wissensmanagement in der Organisation Anliegen und Verantwortung des obersten Managements?
2. Ist Wissen ein Kernelement der Unternehmensstrategie?
3. Ist die Verantwortung für die Umsetzung der Wissensstrategie auf der obersten Leitungsebene verankert und wird die Wissensstrategie dort vorgelebt?
4. Ist die Verantwortung für Wissen auf allen Unternehmensebenen in den Aufgabenbeschreibungen enthalten und verfügen die Mitarbeiter über ausreichende Ressourcen, um diesen Anforderungen gerecht werden zu können?
5. Ist Wissensmanagement als Managementprozess definiert? Sind Wissensprozesse, die der Wertschöpfung dienen, als Kernprozesse definiert?
6. Sind interne und externe Wissensnetzwerke eine relevante Struktur im Unternehmen und werden professionell geleitet?
7. Sind Wissenskennzahlen in einem adäquaten Ausmaß Inhalt des Integrierten Management-Systems?

Anhang

Benötigtes Wissen bestimmen
Aus der Unternehmensstrategie werden Wissens- und Kompetenzziele abgeleitet: Was müssen wir wissen und können, um die Markt- und Kundenanforderungen heute und zukünftig „einzigartig" zu erfüllen?
(Zukünftige) Kundenanforderungen, Markt- und Technologietrends werden systematisch analysiert und daraus Anforderungen an Wissen/Kompetenz abgeleitet
Kritisches Wissen wird für einzelne Prozesse identifiziert und konkret bestimmt
Vorhandenes Wissen betrachten
Die Kernkompetenzen und erfolgskritisches Wissen der Organisation werden periodisch ermittelt und reflektiert: Was wissen und können wir, das unsere Wettbewerbsfähigkeit nachhaltig sichert?
Wichtige Qualifikationen und Kompetenzen der Mitarbeiter (Humankapital) werden bestimmt und periodisch evaluiert
Prozessrelevante Informationen, intellektuelle Rechte und Informationssysteme (Strukturkapital) werden dokumentiert und evaluiert
Externe Wissensquellen und -partnerschaften (Beziehungskapital) werden erfasst, die Qualität der Beziehung wird regelmäßig bewertet
Benötigtes Wissen erlangen
Es gibt eine Strategie und systematische Vorgehensweise, benötigtes Wissen intern und/ oder extern zu erlangen
Vielfältige Lernformen unterstützen die Erlangung des benötigten Wissens (z. B. Schulungen, E-Learning, arbeitsplatznahes Lernen, Lernen im Team)
Gewonnene Erfahrungen (Lernen aus Fehlern/Erfolgen, Lessons Learned) werden systematisch ausgewertet und nutzbar gemacht

© Springer Fachmedien Wiesbaden 2016

K. North et al., *Wissensmanagement für Qualitätsmanager*, essentials,

DOI 10.1007/978-3-658-11250-9

Die Organisation entwickelt und nutzt systematisch externe Wissensquellen (z. B. Kooperationen mit Forschungs- und Bildungsdienstleistern, Beratern, Kunden, Lieferanten, Online-Services, uvm.)

Wissen vermitteln und verfügbar machen

Die Unternehmenskultur und Anreizsysteme fördern Wissensaustausch und gemeinsames Lernen

Aus- und Weiterbildung sind effektiv auf strategische und operative Wissens-/Kompetenzziele ausgerichtet

Einarbeitung neuer Mitarbeiter und Wissenstransfer ausscheidender Mitarbeiter werden systematisch praktiziert

Individuelles Expertenwissen wird durch Dokumentation bzw. persönlichen (internen und externen) Austausch für die Organisation verfügbar gemacht

Es gibt eine Push- und Pull-Strategie für unterschiedliche Wissenskategorien

Medien und Informationssysteme (z. B. Datenbasen, Intranet, Social Software) unterstützen nutzerorientiert Zugriff auf und Austausch von Informationen/Wissen intern und extern

Wissen aufrecht erhalten

Es gibt eine Strategie und systematische Vorgehensweise erfolgskritisches Wissen abzusichern, zu dokumentieren und zu aktualisieren

Wissensverlustrisiken werden systematisch identifiziert, einzigartiges Wissen wird rechtzeitig vor Mitarbeiterwechsel effektiv weitergegeben

Rechtliche Möglichkeiten der Wissensabsicherung (z. B. Patente, Markenschutz) werden systematisch genutzt

Anhang II: Musterstellenbeschreibung für Wissensmanager/in

Organisatorische Einbindung

Vorgesetzt: Vorstandsmitglied A.A. (Es kann auch ein Vorstandsmitglied Wissensmanager sein, was grundsätzlich auch empfohlen wird, aber in der Praxis noch selten der Fall ist)

Untergeordnet: Mitarbeiter B.B. (zur Unterstützung in diversen Aufgabenbereichen, insbesondere wenn der Wissensmanager Vorstandsmitglied ist)

Stellvertretung: Mitarbeiter/Kollege C.C. (innerhalb der Einheit Wissensmanagement oder im WM-Team)

Kernaufgaben

Der/die Wissensmanager/in ist für die Entwicklung und Umsetzung einer wissensorientierten Unternehmensstrategie sowie eines systematischen, integrierten und zielorientierten Wissensmanagement-Instrumentariums verantwortlich. Er/Sie ist verantwortlich für die Bestimmung des relevanten Wissens, für dessen Erwerb, Verfügbarkeit, Verteilung, Nutzung, Verwertung und Erhalt, um die Unternehmensziele zu erreichen.

Kerntätigkeiten

1. (Beratung und Unterstützung des Managements bei der) Durchführung einer wissensorientierten Unternehmens- und Umfeldanalyse, Entwicklung und Umsetzung einer wissensbasierten Unternehmensstrategie, sowie Konzeption eines integrierten und zielorientierten Wissensmanagement-Instrumentariums
2. Herstellen und Erhalten ausreichender Aufmerksamkeit und Kompetenz im Wissensmanagement bei allen wissensmanagementrelevanten Gruppen
3. Entwickeln eines jährlichen Arbeitsplans für das Wissensmanagement sowie Koordination der Umsetzung
4. (Beratung und Unterstützung des Managements bei der) Weiterentwicklung der Wissenskultur und der Verankerung von WM-relevanten Aufgaben in den Stellenbeschreibungen sowie im Mitarbeiterbewertungssystem.
5. Information, Training, Beratung und Unterstützung von Mitarbeitern bei der Umsetzung von Wissensmanagement in deren Tätigkeitsbereich.
6. Verankerung von Wissensmanagement im Integrierten Management-System
7. Führung eines Wissensmanagement-Teams zur Umsetzung der Wissensmanagement-Strategie in allen Unternehmensbereichen
8. Gestaltung, Verbesserung oder Unterstützung interner Wissensprozesse, Innovations- und Lernprozesse, Informations- und Kommunikationsflüsse
9. Optimierung der Geschäftsprozesse, durch optimalen Zugangs zu Wissen
10. Entwicklung und Förderung interner und externer Wissensnetzwerke
11. Regelmäßige Bewertung des Wissensmanagements sowie Umsetzung/Initiierung von Verbesserungsmaßnahmen

Kernanforderungen

1. Kompetenz im Wissensmanagement mit einschlägiger Ausbildung und mehrjähriger praktischer Erfahrung
2. Strategisches Denken, Ziel-, Ergebnis- und Wirkungsorientierung
3. Führungs-, Kommunikations- und Teamkompetenz
4. Breites betriebswirtschaftliches Grundwissen und ein solides Grundverständnis der unternehmensspezifischen Leistungsprozesse
5. IT-Kenntnisse, Erfahrung im Umgang mit integrierten Informations- und Kommunikationssystemen
6. Exzellente Englischkenntnisse, interkulturelle Kompetenz, Umgang mit Diversität
7. Evaluierungskompetenz und -erfahrung

Literatur

Brandner, A. (2015). Wissenskontinuität im Wandel. Wie sich Unternehmen vor Wissensverlust schützen können. In W. H. Güttel (Hrsg.), *Austrian Management Review* (Bd. 5, S. 69–75). München: Hampp.

Brandner, A., Kofranek, M., & Krcma, R. (2012). Knowledge loss risk assessment. In KM-Journal 2-2012. http://www.km-a.net/metanavigation/km-journal-2/knowledge-loss-risk-assessment.

Deutsches Institut für Normung. (2015a). Qualitätsmanagementsysteme – Anforderungen, DIN EN/ISO 9001:2015.

Deutsches Institut für Normung. (2015b). Qualitätsmanagementsysteme – Grundlagen und Begriffe, DIN EN/ISO 9000:2015.

http://www.akwissensbilanz.org/Infoservice/Infomaterial/WB-Leitfaden_2.0.pdf. Zugegriffen: 3. Sept. 2015.

Mittelmann, A. (2011). *Werkzeugkasten Wissensmanagement*. Norderstedt:Books on Demand.

North, K. (2011). *Wissensorientierte Unternehmensführung* (5. Aufl.). Wiesbaden: Gabler.

North, K., & Güldenberg, S. (2008). *Produktive Wissensarbeit(er)*. Wiesbaden: Gabler.

North, K., & Haas, O. (2014). Zwischen Experiment und Routine: Wie wird Wissensmanagement erwachsen? *Organisationsentwicklung, 2014*(3), 50–56.

North, K., Guresz, S., Gutmann, M., Merzenisch, S., & Walinski, I. (2012). Welche Kompetenzen Wissensmanager brauchen. *Wissensmanagement, 2012*(4), 36–37.

North, K., Reinhardt, K., & Sieber-suter, B. (2013). *Kompetenzmanagement in der Praxis* (2. Aufl.). Wiesbaden: Gabler.

North, K., Brandner, A., & Steininger T. (2015). Die neue ISO 9001:2015 – Wissensmanagement wird Pflicht! *Wissensmanagement – Das Magazin für Führungskräfte, 2015*(2), 21–23.

Pawlowsky, P., Gözalan, A., & Schmid, S. (2011). Wettbewerbsfaktor Wissen:Managementpraxis von Wissen und Intellectual Capital in Deutschland. In FOCUS Prints 08/11.

© Springer Fachmedien Wiesbaden 2016
K. North et al., *Wissensmanagement für Qualitätsmanager*, essentials,
DOI 10.1007/978-3-658-11250-9

"""

Weitere Informationsquellen

Methoden und Instrumente des Wissensmanagements für kleine und mittlere Unternehmen.
    http://www.ihk-lahndill.de/share/wissen/index.htm.
RKW-Leitfaden „Wissen im Unternehmen halten und verteilen".
http://www.rkw-kompetenzzentrum.de/fileadmin/media/Dokumente/Publikationen/2013-
    Leitfaden-Wissen-in-Unternehmen-halten-und-verteilen.pdf.
Wissensmanagement-Instrumente und Fallbeispiele. http://www.bmwi.de/DE/Themen/Di-
    gitale-Welt/Mittelstand-Digital/wissensmanagement.html.